L'inénarrable Odyssée de Léon Judkovsky

DU GHETTO DE CRACOVIE À JAFFA

SHAY CHARKA

Traduit de l'hébreu par Sylvie Cohen

L'inénarrable Odyssée de Léon Judkovsky

DU GHETTO DE CRACOVIE À JAFFA

MARAbulles

Dans le chemin où l'homme veut aller, on l'y emmène.
(Traité Makot,10b)

À ma grand-mère Shoshana Judkowitz, paix à son âme, qui vécut sa propre odyssée.

Et Dieu dit :
« Il est temps que Léon rentre dans ses foyers. »
Seigneur, avez-vous oublié qu'il n'a plus de foyer ?
Voyons, il ne faut pas le prendre au pied de la lettre.

Il est temps de le renvoyer…

Tu es libre.
Comment ça ?
Tu peux partir. Ça m'attriste, mais je pense que c'est la bonne décision.
Prends ma voiture.

Va vers le sud, en Italie. De là, tu embarqueras sur un bateau.
BWX286

Fais bien attention !

BOUM!

De la fumée.
L'explosion vient de là-bas.
Demi-tour, Angelo, on y va...

On descend voir.
Regarde, il y a quelque chose.
Il est vivant ! Viens m'aider.

Avec ce costard et cette caisse, on pourrait en tirer un joli petit magot.
On l'amène au patron.

T'as vu ! Il est arrivé des bricoles au Duce en notre absence !
Ça lui va bien, la tête en bas...

Qu'est-ce qu'on a là ?
Un gus qui pourrait nous rapporter gros, patron.

Il a eu un accident... Vu sa bagnole, il doit rouler sur l'or.
Mamma !! Apporte ton hachoir !
On va lui couper un doigt pendant qu'il est dans les vapes. On lui fera cracher son adresse pour envoyer un colis à la famille.

On coupe rien du tout !

Allongez-le sur le canapé !
Voilà ! Les pieds en l'air.
Va chercher la bouteille dans le tiroir.

Buvez !

Où
suis-je ?

Chez les Piccoli.
Et vous, d'où êtes-vous ?
Je n'ai pas de famille.
Ils ont été brûlés !
Brûlés ? Par qui ?

C'est une longue histoire.
Faute de pognon, on peut au moins écouter son histoire.
Tu ne vois pas qu'il est à bout de forces ?!
C'est vraiment pas le moment ! Mettez la table. On va dîner. On parlera quand il aura récupéré !

Bon, maintenant, l'histoire !
Minute ! D'abord prendre un bain. Il racontera après !

Bon, par où commencer ?...

L'histoire de Léon

J'enseignais les lettres classiques à l'université de Cracovie.
J'avais une femme et un petit garçon adorables.
À l'arrivée des nazis, ils nous ont enfermés dans le ghetto.

Quand je parvenais à en sortir, j'allais à mon bureau, à l'université. Je me plongeais dans mes livres et, au retour, je rapportais de quoi manger à ma femme et à mon fils. Un jour, en revenant, j'ai trouvé le ghetto... changé. L'un des anciens disciples de mon oncle, rabbi Shaul de Bernowicz, m'a abordé avant que je n'aie eu le temps de me renseigner.

Ils ont arrêté ta Perelé, Arelé...
Elle et le petit !
Ce n'est pas le moment de pleurer. Ils vont sûrement revenir demain...

Sauve-toi dans la forêt, Arelé !
Dans la forêt ?
Oui. Mais pas seul, tu vas emmener mes élèves avec toi.
Entrez, entrez !
Ils ne peuvent pas partir avec leurs caftans, leurs papillotes et tout ça...
Alors ils se couperont les payess et s'habilleront comme des goyim. Ce que tu voudras. C'est toi qui commandes.

Tu n'as pas peur qu'à leur retour, ils soient... comme moi ?
Si tu les ramènes, je te baiserai les mains et les pieds ! Peu importe à quoi ils ressemblent.
Ah ! Encore une chose...
Plus de « Arelé » ni de « Reb Arié ». Désormais, je m'appelle Léon ! Pour vous aussi.

Je portais mon uniforme du temps où je servais dans l'armée polonaise, ce qui m'a aidé à assumer le rôle de chef dans les situations critiques.

On errait au hasard dans la forêt, cherchant désespérément de quoi manger sans nous faire prendre par les nazis.

Au début, j'avais du mal à en croire mes yeux en les voyant dévorer du lapin pas casher.

Avec le temps, j'ai appris à reconnaître ceux sur qui je pouvais compter.

Bien sûr, il nous a suivis...

De fait, nous étions totalement déboussolés à ce moment-là...
L'angoisse, nos vies chamboulées, la faim, la perspective que l'été touchait à sa fin et que l'hiver serait bien pire...
Et puis, un jour, nous avons débouché dans une clairière...

Nous n'étions pas seuls.
Ils sont totalement défoncés.
C'est à cause des champignons. Il y en a plein dans le coin.

On dirait que ces partisans-là ont tout oublié : la guerre, la mort, les nazis, la faim...
Que du bonheur ! Grâce à un minuscule champignon des bois !

Goylem !
Il est complètement parti !
Que personne ne touche à un champignon !
Trop tard.
Certains en ont déjà consommé... Binyomin, Éliézer...

Celui qui s'en approche, je lui loge une balle dans la tête !
Mais pourquoi ? Regarde comme ils sont heureux ! Il y a un bail que ça ne m'est pas arrivé.
Heureux ? Ils sont au paradis des fous ! Qu'est-ce qu'ils vont faire quand les nazis rappliqueront ?
C'est fuir la réalité !
Et nous, on fait quoi, à ton avis ?!
Ils s'évadent de la réalité. Nous, on fuit dans la réalité. Pour essayer de la changer et que le monde entier ne devienne pas nazi !!!

Berelé, prends Éliézer sur ton dos.
Je m'occupe de Binyomin.
Et Goylem ?
Goylem ?... On le laisse ici. De toute façon, il ne tiendra pas longtemps
Éliézer et Binyomin chialaient comme des bébés, mais ils étaient trop drogués pour résister. Les autres m'en voulaient, jaloux de Goylem.

Une fois l'effet des champignons dissipé, ils ont repris leurs esprits au bout de quelques heures.
Mais ils me reprochaient de les avoir privés d'un moment de bonheur.
Merci !
Au début de l'automne, nous sommes tombés sur une grotte...

Ne bougez pas, je vais voir.

Venez. La voie est libre.

À l'intérieur, nous avons trouvé une lanterne.
La grotte regorgeait de trésors.

Des conserves, des uniformes militaires, des armes, des munitions...
De quoi tenir tout l'hiver !

Et des toiles. Soutine, Pascin, Chagall, Modigliani...
J'étais si excité que j'ai oublié de poster un homme à l'entrée.

Nous avons entendu grincer les freins d'une moto.
Avant qu'on ait le temps de réagir...

... ils étaient entrés.

Yosselé a été criblé de balles.

Nous nous sommes réfugiés dans un coin. Quelques-uns sanglotaient, d'autres étaient tétanisés, tandis que le Sturmführer buvait comme un trou jusqu'à s'effondrer à terre, soûl comme une barrique, son énorme corps bloquant la sortie.
Vautré entre lui et nous,
Fenrir dévorait sa proie à belles dents.
Shimon, le champignon !
Quel champignon ?
Je t'ai vu en fourrer un dans ta poche. Donne-le tout de suite !
Je l'ai lancé sur le cadavre de Yosselé.

Constatant que le chien était quelque peu désorienté...

... j'ai récupéré le pistolet...

... et je me suis planté devant le géant.

Je n'avais droit qu'à une seule balle, je le savais.
J'ai pressé la détente et entendu un déclic, mais le coup n'est pas parti !
CLIC
CLIC CLIC CLIC
Il a immédiatement compris ce qu'il se passait.
Alors j'ai agi sans réfléchir.

OÙ T'ES ?
JE VAIS T'ÉCORCHER VIF !
LES AUTRES AUSSI !!!

FENRIR ! Guide-moi !
La nature sauvage du molosse reprenait le dessus à mesure que les vapeurs de la drogue s'estompaient.
J'ai pensé m'enfuir, mais le Sturmführer obstruait l'entrée de la grotte. Alors me fiant à l'instinct de l'animal, j'ai attrapé ce que j'avais sous la main...
FENRIR ?
... et je l'ai balancé dehors.

Le géant s'est élancé après son chien.

Nous avons décampé sans rien emporter.
Quelques dizaines de mètres plus loin, nous avons aperçu le corps du Sturmführer gisant au fond d'un ravin.

Le plus souvent, nous poussions la moto pour économiser l'essence et éviter de faire du bruit.

Grâce aux armes trouvées dans la grotte, nous étions devenus des partisans.

Et c'est ce qui est arrivé. Nous en avons rencontré trois que nous avons réussi à éliminer, non sans perdre quatre des nôtres : Chnéour-Zalman, Youdelé, Nouté et Choulèm.

Nos réserves commençaient à s'épuiser.
On aurait donné n'importe quoi pour un vrai repas.

En partant chasser, Shimon a découvert une ferme isolée au milieu d'une vallée, dissimulée derrière d'épais fourrés.

Vu d'en haut, l'endroit semblait tranquille. On est descendus pour en avoir le cœur net.

Bon...
Ils en mettent du temps !
La cheminée tire fort.
Allons-y !

Bonjour !
Où sont mes amis ?
Vous devez parler de ceux-là…
Ils n'ont pas précisé qu'ils étaient accompagnés. Soyez les bienvenus !

Qu'est-ce que vous leur avez fait ?
SORCIÈRE !
Vous les avez transformés en bêtes !
Rendez-leur forme humaine !!!

Asseyez-vous.
Pardonnez-moi... Je n'ai pas...
Ce n'est pas grave. Je comprends.
Mettez-vous à table.
Le porc, c'est terminé !

Elle s'appelait Magda.
On est restés un bon moment chez elle. On mangeait à notre faim, on aidait à la maison et à la ferme.
Les garçons sont redevenus eux-mêmes, à croire qu'ils étaient retombés en enfance.
Mais pour moi, c'était plus compliqué...

Quelqu'un a vu Léon ?
Il est au bord de la rivière.

Qu'est-ce qui te tracasse, mon commandant ?
Tu ne peux pas comprendre.
Essaie toujours. Après tout, je suis une « sorcière », tu te souviens ?
J'ai une femme et un enfant...
Où ça ?
Si je le savais...
Les nazis les ont capturés un jour où j'étais sorti du ghetto. Cette nuit-là, j'ai emmené les jeunes dans la forêt. Nous avons été forcés de fuir...

J'ignore ce qu'ils sont devenus. Dans la forêt, entre la lutte pour survivre, mes responsabilités envers les garçons, le reste passait au second plan.
Mais ici, j'ai tout mon temps, de quoi manger, la tranquillité, et toi... Je pense à eux sans arrêt. Que leur est-il arrivé ? Ma Perelé, mon petit Max chéri, est-ce qu'ils sont toujours ensemble ?
Je deviens fou de ne pas savoir. Quel genre de père suis-je pour ne m'en soucier que maintenant ?
Tu dois affronter les flammes de l'enfer.
Là, tu trouveras des réponses et tu pourras continuer.
En attendant, tu es coincé.

Je savais où me procurer l'uniforme et les insignes d'un Sturmführer.

Le regard paniqué des garçons en me voyant dans cet accoutrement m'a donné confiance.

Je suis allé en enfer.

La moto roulait toute seule. Le seul problème était de résister à l'envie de rebrousser chemin

Rebbe Shaul de Bernowicz est ici ?
Là !

Oncle Shaul...?
Arelé !
Pas de familiarité, Arelé, tu risques d'éveiller les soupçons.
Que fais-tu ici, Arelé ? Pourquoi es-tu venu ?
Ma Perelé et mon petit Max... Il faut que je sache !
Oy, Arelé ! Ils sont morts. On les a vus ici tous les deux pour la dernière fois. Ils ne sont plus.
Ne pleure pas. Contrôle-toi jusqu'à ton départ. Ils ne doivent rien remarquer.

Qu'est-ce qu'ils t'ont fait aux yeux, oncle Shaul ?
Mieux vaut ne pas voir les horreurs commises ici, Dieu merci...
Dieu merci ?!
Chuuut...
Il est où ? Où est-il passé, ton Dieu ?
Et votre Europe alors ? Elle est où ?
Vous rêviez d'une civilisation européenne avec des dieux et des héros, et nous avons eu des monstres !

Et c'est censé justifier le meurtre d'un enfant qui n'avait même pas 3 ans ?! C'est ça, la justice divine ?!
Bien sûr que non ! Ça ne justifie rien… et je ne prétends pas comprendre, Dieu merci ! Quelle sorte de dieu ce serait si l'avorton que je suis Le comprenais ?
Mais ce n'est pas ici le lieu d'évoquer Dieu. Il faut croire en l'homme, Arelé ! Regarde-toi, tu es resté humain envers et contre tout. J'ai confiance en toi !
Tu dois rentrer à la maison.
À la maison ?
La terre d'Israël. Débrouille-toi pour y emmener les jeunes toutes affaires cessantes. Va !

Viens avec moi, oncle Shaul.
Non. Il y a tant à faire ici...
Toutes ces âmes à sauver...
Attends, comment vont les petits gars ?
J'ai énuméré les morts, il m'a parlé des familles des survivants, et puis je me suis sauvé. Je ne l'ai plus jamais revu.

Je suis retourné auprès de Magda et des garçons dans la vallée cachée.
Ceux d'entre nous qui avaient reçu les tristes nouvelles ont pleuré leurs proches assassinés.
Les autres allaient devoir vivre les affres de l'incertitude.
Nous avons attendu le passage d'une tempête de neige avant de reprendre la route.
Notre but était la Suisse. De là, nous espérions trouver un moyen d'embarquer pour la Palestine.

Nous nous sommes mis en marche, cette fois avec un objectif précis.

« Ne te laisse pas envahir par la nostalgie, ni par les souvenirs ! » m'a conseillé Magda au moment du départ.

Mais dans le silence immaculé, il était difficile de ne pas sombrer.

Impossible de trouver de la nourriture à cause de la neige, alors on a divisé les provisions fournies par Magda en petites rations.

Une nuit, Éliézer s'est figé brusquement.
Shh...
Vous entendez ?
Quoi ? Où ça ? Je n'entends rien.
Chut ! Impossible de se concentrer.
De la musique !
Ça vient de là-bas...

* Extrait de la célèbre chanson yiddish *Sheyn vi di levone* « Belle comme la lune », écrite par Chaïm Tauber.

Sheyn vi toynznt zunen,
hostu mayn harts baglikt
Il a perdu la tête !
Il faut le rattraper !
Dayne tseyndelekh vais vi perelekh, mit dayne sheyne oygn
dayne heyndelekh, dayne herelekh host mikh tsugetsoygn
Sheyn vi di levone, likhtik vi di

Berelé et Éliézer nous
ont sauvé la vie, à moi
et aux autres.
L'endroit grouillait
d'officiers nazis.

Je serai éternellement
reconnaissant à Éliézer
pour sa délicatesse.
Il m'a fermé la bouche,
mais pas les oreilles
afin que je puisse écouter
la mélodie qui me rendait fou.

Les garçons m'ont entraîné
à bonne distance jusqu'à
ce que je n'entende plus rien
et que je me calme.

Cette nuit-là, j'ai eu
un accès de fièvre.
Ils se sont occupés de moi
le temps que je me rétablisse,
et puis nous sommes
repartis.

Plus que les épreuves et les difficultés surmontées ensemble, rien ne nous a autant soudés que les jours qu'ils ont passés à veiller sur moi.

Le commando que nous formions s'est illustré lors d'un autre affrontement avec les nazis.

Et un jour, la forêt a disparu.

Hershel, passe-moi les jumelles.
Il y a une zone à découvert devant nous... sur près de deux kilomètres...
La zone est dégagée, mais il faudra traverser en vitesse parce qu'on sera totalement exposés.

Nous avons avancé.

Au bout de quelques dizaines de mètres, nous avons entendu un vrombissement de moteurs.

Alors le monstre à six têtes a surgi au-dessus de nous.

Ils ont bombardé et mitraillé.

J'ai réussi à atteindre la tranchée.

Nous sommes restés là à écouter les explosions se rapprocher, puis s'évanouir.

Dès que le bruit des moteurs a cessé, nous avons risqué un oeil. À l'évidence, aucun de nos compagnons n'avait survécu.

Il y a eu une autre explosion, différente, une mine. Tout près de moi.

Je me suis immobilisé, horrifié. Éliézer était en vrac sur le sol.
J'ai repris ma course, les oreilles bourdonnantes, ne voulant rien voir, hanté par l'idée que j'étais seul !
J'ai continué comme un automate, alors que le terrain devenait accidenté...
... et l'ascension très raide...
... même quand le soleil s'est couché...
... et que la neige s'est mise à tomber.

Tout était blanc.

Je me suis réveillé dans un lit douillet.
Là, laissez-moi vous aider. Il faut boire...

Vous n'avez rien à craindre. Vous êtes mon invité.
Eva...
... Léon.
Je vous ai trouvé au bord de la route, enseveli sous la neige.
Je vous ai transporté ici dans ma voiture.
Il y a trois jours.

Quarante-huit heures plus tard, j'étais sur pied.

J'ai exploré le château dont les nombreuses pièces étaient remplies de merveilles.

Je n'avais pas ouvert un livre depuis une éternité. Ici, j'avais une bibliothèque entière à ma disposition.

Et la présence d'Eva. Elle était seule dans ce château. Je lui devais la vie.

Le temps s'écoulait, les mois sont devenus des années. J'aurais voulu rentrer chez moi, mais je ne pouvais pas quitter Eva. J'étais devenu son point d'ancrage.

Plus le temps passait, plus je me sentais prisonnier.

Et puis un jour, sans raison apparente,

elle m'a laissé partir avec sa voiture, une valise pleine de vêtements et de l'argent.

La dernière chose dont je me souviens, c'est l'avalanche qui m'a emporté alors que je me dirigeais vers le sud.

Voilà, c'est tout. La suite, vous la connaissez mieux que moi.

Un détail...
Ne l'embête pas avec des questions ! Il est fatigué !
Non, non, ça va. Allez-y.
Comment votre oncle Shaul a deviné que vous étiez déguisé ?
Euh...
Il l'a senti, j'imagine. À moins qu'il n'ait entendu le bruit des bottes...
Et cette Eva. Il y avait quelque chose entre vous ? Vous voyez ce que je veux dire...
Chino ! Ça suffit !!! Va lui préparer son lit !

Il dort comme un bébé.
Demain matin, tu appelleras ta tante Lucia.
Pourquoi moi ???
Parce que c'est ma sœur ! Je ne lui parle plus depuis des années !
Pas besoin de se disputer pour rien.
Bonne nuit !

Alors, tu te vas te renseigner ?
... Parfait...
... Bon, tiens-moi au courant. Ciao !
Bonjour !

Bonjour ! Le café est servi.
Bonjour !
On a appelé ma sœur Lucia à Gênes.
« On a... » J'ai appelé.
Elle habite près du port. Elle va se renseigner sur la date du prochain bateau pour la Palestine.
C'est pas légal, bien sûr.
Chino, répète ce qu'elle a dit.
Dès qu'elle sait quand le bateau part, elle nous prévient.

Je vais visiter la ville.
Ciao.
Lucia ?

... Excellent !
Mes hommes te l'amènent demain.
C'était Lucia.
Elle s'occupe du bateau.
Demain on te conduit à Gênes.
Merci pour tout.
Allez ! Tony et Angelo attendent.

C'est beau !
Oui, mais Lucia habite près du port.
Elle guette à la fenêtre, tu vois ?
Enfin, voilà notre héros !
Prends bien soin de toi, amico.

Quand part mon bateau ?
Ah... bientôt. Tzvika sera là dans une semaine ou deux...
C'est l'agent de Palestine qui organise la traversée.
Deux semaines ?!! Et après, il faudra encore qu'il arrange mon passage !
Je me demande ce qui est le plus pénible. Ronger son frein dans un appartement ou errer dans les bois.
Je raconte n'importe quoi ! Attendre ici est plus facile. On oublie vite les épreuves passées.
Je me raserai quand le bateau aura quitté le port.

Nom du bateau : *On dit qu'il y a un pays*,
tiré du célèbre poème éponyme de Shaul Tchernichovsky.

Ha ha ha !!!
Qu'y a-t-il de si drôle, Youmi ?
Oh, tu as fini par te raser.
Et ça te fait rire ?
Non !... J'ai vu les gens dormir dans la soute, sur des couchettes.
Ça m'a rappelé les baraquements de Buchenwald...
Et tu trouves ça drôle !

Non,
écoute jusqu'au bout.
Un jour, j'étais malade et je suis pas allé travailler. Je traînais dans le camp et je suis tombé sur un énorme tas de betteraves gelées ! Il faisait un froid de gueux.
J'ai regardé pour ne pas me faire pincer et j'ai planqué dans ma chemise autant de betteraves possibles.
Je les ai enveloppées dans un chiffon et cachées sous moi, comme un trésor !
Le soir, tout le monde est rentré. On a avalé notre gamelle et on s'est couchés. Et alors, au milieu de la nuit…
Qu'est-ce qui te prend ?!! Tu ne peux pas te retenir ?!! Va aux latrines !
Les betteraves avaient dégelé et dégoulinaient. Je lui en ai donné en lui disant de la fermer !

Tu as l'air choqué.
Je ne pensais pas que l'on puisse « blaguer » sur les camps.
Oui, je vois...
...Tu sais, Léon, quand on est en enfer, c'est l'horreur à l'état pur.
Mais après des semaines, des mois, des années, on découvre qu'il existe différents degrés d'horreur, et même des moments rigolos, d'une certaine manière.
Tout est relatif.

On va aborder la côte cette nuit et il n'y a pas d'Anglais en vue. On dirait qu'ils ne nous ont pas repérés.

Regarde, les lumières de Tel-Aviv.
Et ces signaux, ils sont pour nous !
Capitaine ! Vous avez vu ? Préparez-vous à jeter l'ancre !!!
Viens, on va surveiller le débarquement.

Doucement ! Ne poussez pas ! Attention aux personnes âgées !

Il se passe quelque chose sur le rivage !

Les Britishs !

Tout le monde à l'eau, dispersez-vous !
Mais...
Pas de mais qui tienne ! Saute !!!
Mais...
Je ne sais pas nager !

Comme c'est curieux de mourir maintenant.
Juste avant d'arriver.
Perelé et Max ont péri par le feu.
Et moi dans l'eau.
Vraiment curieux.

Je te tiens !
KOF
KOF
On va s'éloigner là où il n'y a pas d'Angliches.
On attend ici qu'ils s'en aillent. Ça te permettra de souffler.

J'ai 16 ans ! Enfin, presque.
Mais... tu es un gamin !
On dirait que c'est fini. On va nager plus au nord et sortir après...
Sortir... pour aller où ?
Chez moi. Tu mettras les vêtements de mon père. Personne saura que tu es arrivé ce soir.
Viens.
Ça va, j'ai pied là.
Ils font quoi à ceux qu'ils attrapent ?
Direct dans un camp d'internement à Chypre.

Bienvenue à Tel-Aviv !
Voilà ma rue.
Entre.
Maman ? On t'a réveillée ?

Michaël !
Où étais-tu passé toute la nuit ? Je me suis fait un sang d'encre...
Combien de fois je dois te dire que t'as pas à t'inquiéter pour moi ?!!
Un bateau de réfugiés est arrivé, fallait les aider à débarquer. J'en ai amené un.
Je m'appelle Léon.
Léon Judkovsky.
Moi, c'est Nili.
Enchanté !
Michaël, tu as ramené un chevalier polonais !

Allez vite vous doucher et vous changer. Je vais préparer quelque chose à manger.
Venez vous asseoir, Léon.
Je lui ai donné les habits de papa...
Oui, tu as bien fait !
Dis, Léon, pourquoi tu n'as pas de numéro sur le bras ?
Michaël !
C'est bon, c'est bon.

J'étais un partisan caché en forêt.
Alors tu sais te servir d'une arme ?
Même sans munitions.
Tu as tué des nazis ?
Oui...
Tu dois rencontrer mon commandant ! On a besoin de gens comme toi pour botter le cul aux Anglais.
Un gamin de 16 ans fréquente un commandant ?
Il traîne toujours avec des adultes...
Parce que je n'ai plus de père, comme dit maman.
?
Il est mort quand j'étais petit.
Les Arabes l'ont tué !
Il faudra aussi s'occuper d'eux quand on aura jeté les Anglais dehors.

Cela ne doit pas vous tracasser, Léon.
Non, je pensais à autre chose...
?
C'est étrange, je m'emballe un peu, mais j'ai l'impression d'être rentré à la maison.
Vous permettez que j'allume une pipe ?
Je vous en prie.
Elle est dans la poche de mon pantalon.

Le tabac est trempé.
Le kiosque d'Elhanan doit être ouvert.
Michaël, emmène Léon acheter du tabac,
sur mon compte.
Je vais vous préparer un lit. Ne tardez pas trop.
Vous avez du sommeil à rattraper.
Merci.
Ce devait être épouvantable là-bas, pendant la guerre...
L'horreur absolue ! Mais...
... tout est relatif.

Merci, Elhanan. Tu le notes...?
Merci.
Tu veux faire un tour avant de rentrer ?
Bien sûr !
On va au bord de l'eau.

Et avec un sourire intérieur, Dieu versa deux larmes dans la vaste mer. FIN

MARABOUT
s'engage pour l'environnement
en réduisant l'empreinte carbone
de ses livres.
Celle de cet exemplaire est de :
950 g éq. CO_2
Rendez-vous sur
www.marabout-durable.fr

PAPIER À BASE DE
FIBRES CERTIFIÉES

Imprimé en Italie chez Bona
pour le compte des éditions Marabout
Hachette Livre, 58 Jean Bleuzen, CS 70007, 92178 Vanves Cedex

Dépôt légal : août 2024
ISBN : 978-2-501-18294-2

5064200
édition 01